NEW YORK POST

Bloom
Su Doku

Bloom
Su Doku

150 Fiendish Puzzles

Compiled by sudokusolver.com

wm

WILLIAM MORROW
An Imprint of HarperCollins*Publishers*

HarperCollins books may be purchased for educational, business, or sales promotional use. For information please write: Special Markets Department, HarperCollins Publishers, 10 East 53rd Street, New York, NY 10022.

ISBN 978-0-06-226564-7

13 14 15 16 17   RRD   10 9 8 7 6 5 4 3 2 1

All puzzles supplied by Lydia Ade and Noah Hearle of sudokusolver.com

Book design by Susie Bell, www.f-12.co.uk

Contents

Introduction

Su Doku is a highly addictive puzzle that is always solvable using logic. It has a single rule – complete each Su Doku puzzle by entering the numbers 1 to 9 once in each row, column and 3×3 block.

Many Su Doku puzzles can be solved by using just one solving technique. In the Difficult rated Su Doku puzzle in Fig. 1, look to see where the 2 can be placed in the top right block (highlighted). All squares except one are eliminated by the 2s in the first and third rows and the 2 in the eighth column, leaving only one possible square in which the 2 can be placed.

Fig. 1

4	3			2				7
	6	8	5		9	4		
		2	3					
2					1			
			2	8	1			
		3						4
				6	9			
		4	8		2	7	6	
5				7			2	1

You can apply the same technique to place a number in a row or column.

In the puzzle below, you will need a slightly harder technique that requires pencil marks. Pencil marks are small numbers, usually written at the top of each unsolved square, listing all the possible values for that square. In the second row, mark in all the pencil marks for this row (Fig. 2). One square contains only the 1 pencil mark and can now be solved.

Fig. 2

4	3			2				7
	6	8	5		9	4		2
		2	3					
2						1		
			2	8	1			
		3						4
					6	9		
		4	8		2	7	6	
5				7			2	1

Remember, every Su Doku puzzle has one unique solution, which can always be found by logic, not guesswork.

The Times was the first UK newspaper to publish Su Doku in 2004. They now have a range of Su Doku variants, with Mini, Samurai and Killer Su Doku in addition to classic Su Doku. You can find details on more complex solving techniques and generate Su Doku puzzles at www.sudokusolver.com.

Puzzles

								7
					2	1		
1			8	5		3		6
	7			3		2		1
	1		5		7		6	
3		6		8			7	
8		1		9	3			2
		5	6					
2								

		5	4			8	7	
8		3			7			
9				8			5	6
	7							5
		6				2		
3							8	
7	9			3				8
			7			5		1
	6	1			2	9		

	7	4				3	2	
		6		7		8		
			2		4			
9				3				4
	4						5	
7				8				9
			1		3			
		7		5		1		
	3	5				4	6	

					7		8	2
7	6		1			3		
9				8				1
	4				3		5	
		9		4		7		
	3		5				1	
5				3				4
		3			2		9	7
6	7		9					

6	5							1
	1			5			3	6
			1	3				
				1		3		
	3	9	2		7	1	5	
		7		9				
				8	9			
3	8			2			9	
2							1	7

		7	8		4	3		
	6		5				7	
9			1					5
7						5	9	3
				2				
5	8	4						7
1					7			8
	7				8		5	
		5	6		1	7		

6	4							7
					7			1
		7	6	5		9		
	9		3		5	8		
		5		7		3		
		6	8		2		4	
		2		4	9	5		
9			5					
7							9	8

	3		9			2		
	9						5	6
6		8	1			3		
				8		7		2
			7	4	1			
3		5		2				
		7			6	8		3
4	6						2	
		3			7		6	

9			6					7
	6	7	1		8		2	
			5				8	
	7					8	4	3
4	1	9					6	
	5				1			
	2		4		6	7	9	
8					2			1

	5		3		1		8	
3								5
		4		8		6		
4			9		5			8
		5				1		
2			7		8			3
		9		6		3		
7								6
	8		1		4		9	

Su Doku

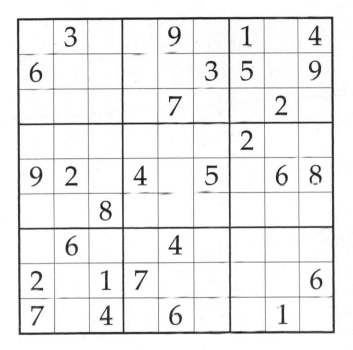

		6		9		8		
3								6
		2	7		8	1		
		7	9		6	2		
8			3		2			1
		9	5		1	3		
		3	8		7	4		
2								8
		1		2		7		

8	2				7			3
	6						9	8
		3		8		1		
2				7				
		6	2	3	5	7		
				4				2
		9		5		6		
6	3						5	
7			4				8	9

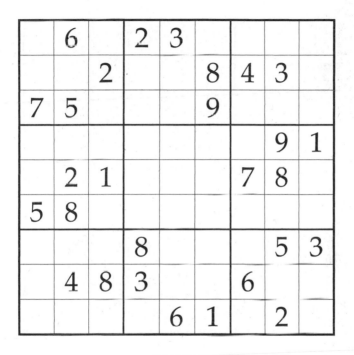

5	7			6	4			1
				1		7		3
	9							
1			6		2			
9	4						2	6
			5		3			8
							4	
6		4		8				
3			4	5			1	7

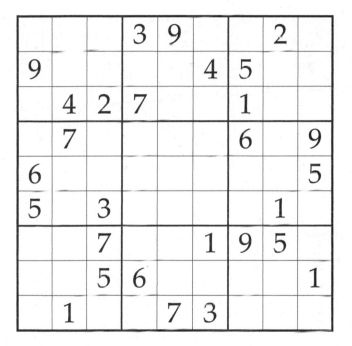

2			7		1		5	6
						4		3
							9	1
	2			1			3	
		8				2		
	9			7			4	
7	6							
3		2						
1	8		5		6			2

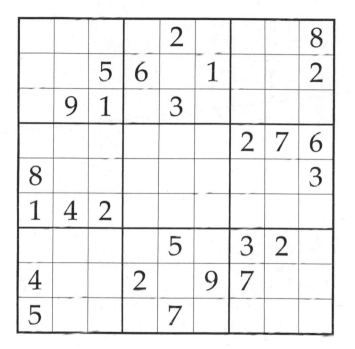

1	7			9			8	2
5			2		6			7
		7	4		9	3		
	9			3			4	
		4	6		8	7		
4			3		1			9
8	3			4			6	1

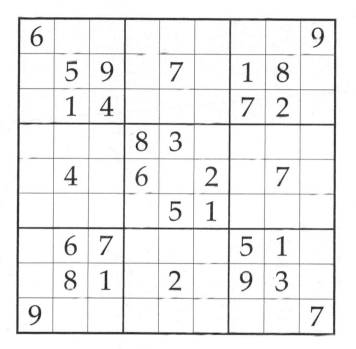

	4		8		7		6	
1		5		4		7		2
		2				1		
6			1		3			9
		3				8		
3		6		9		2		8
	5		6		1		3	

	8	6					7	
5					7			8
7		4			8	6		
				6		2	5	
			9		3			
	2	8		7				
		7	4			8		3
6			7					5
	9					7	6	

	1	6	7					
		3			9			
8		7	2	4				
7	3					5	6	
	6						7	
	4	2					1	9
				3	8	9		4
			9			6		
					1	7	8	

	5		8			2		
			6			4		1
	7							8
			2	1				
2		3				6		5
				3	4			
9							2	
5		6			9			
		4			7		8	

Bloom

	9			8				3
		1	9				7	
6	4		1					
				5			4	
7		4	3		2	5		1
	6			1				
					8		2	7
	2				7	3		
9				3			8	

31

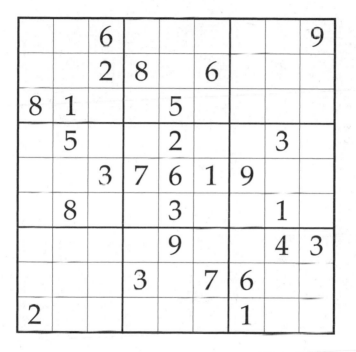

Bloom

	4		3			1	8	
2		8			9		4	
4		7	8		3	6		5
3		1	4		5	8		2
	1		5			3		7
	3	2			7		9	

33

Bloom

3				2	4		8	9
1		4	5					
							3	
7			4		9		6	
4				1				2
	3		2		6			4
	4							
					8	3		7
9	7		1	6				8

5	9			8				
3	4		9			2	5	
						9	1	
	6		7	3				
7			2		4			5
				9	8		7	
	7	3						
	5	8			9		2	7
				6			8	3

	1							7
		3	8	4				
6		5	1	2		8		
	3	4						
		9		1		6		
						4	8	
		7		3	6	9		5
			9	4	7			
9							2	

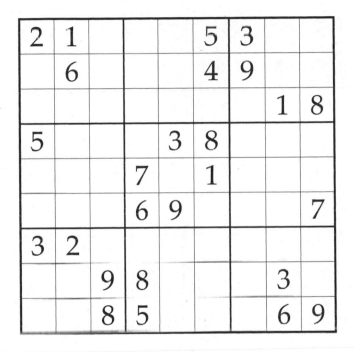

	5			6	1			
	6		8	5			4	9
				2				
2							6	
6	7	9				4	3	5
	4							8
				4				
3	2			1	8		9	
			9	7			1	

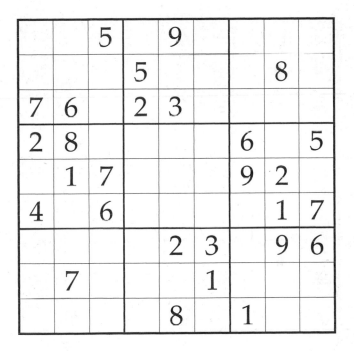

	4			6			1	
9			8	3	1			4
8								3
	8			7			6	
5			2		6			7
	7			4			9	
2								6
4			7	9	8			2
	5			2			4	

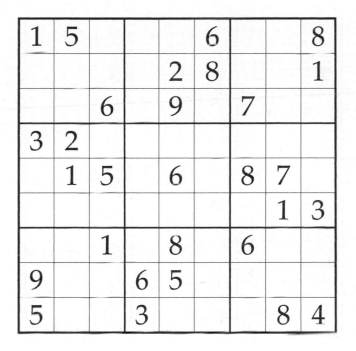

		4				9		
9		1	6		8	4		7
			5					
3								2
		8	3	7	5	6		
6								5
			2					
4		7	1		9	5		3
		6				2		

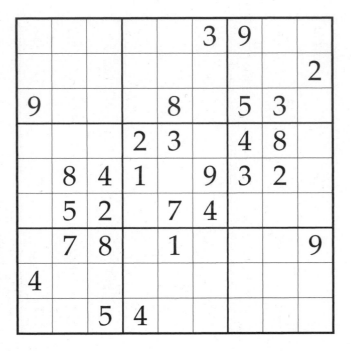

5		1	2				7	
	8				5	9		6
6						4	5	
7				2			9	
			8		7			
	3			1				7
	2	3						9
1		6	4				8	
	7				2	3		5

	4	2		3		5		
								6
7			5		8			
			3	5	2		9	
		6		9		3		
	9		6	4	1			
			2		4			5
2								
		1		6		7	8	

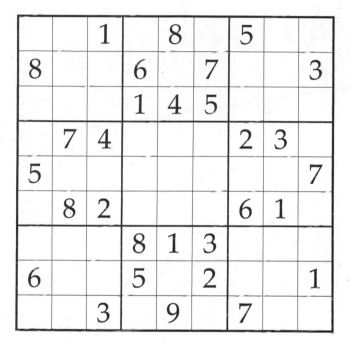

		1	4		6	2		
					5	1	9	
	8	2						
	2	3					8	
4			3		1			5
	9					3	7	
						4	1	
	1	9	5					
		6	2		3	8		

		3	9				4	
1			3	8	4	7		
	4	8						
			8					
	7	4	2		9	8	1	
					5			
						1	2	
		6	1	5	8			9
	3				2	6		

		3	8		1	2		
6			2	3	7			9
			4					
	8	6		1		9	3	
	7	5		9		8	2	
				8				
8			3	7	6			1
		1	4		2	6		

	6		2					
				8	5	6		7
	5	8		3		2		
	7							6
	3	5		1		4	7	
6							2	
		6		7		8	1	
7		1	9	6				
					3		6	

	6	7	9					
	4	8		1			9	5
							2	6
			1		8			2
	7			2			1	
8			3		9			
6	9							
7	3			9		5	6	
					5	3	4	

			4			8	
3	6		9		2		4	
		7				9		
	3			2			6	
1			4		6			8
	8			9			7	
		5				3		
	4		5		3		2	6
	2			1				

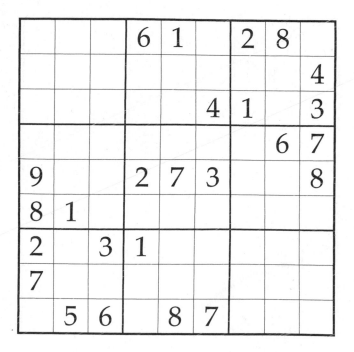

	8	6		7		1		3
4		3					7	
5								
2				6	5			
	7		3		2		6	
			9	8				1
								6
	9					3		5
1		8		3		7	9	

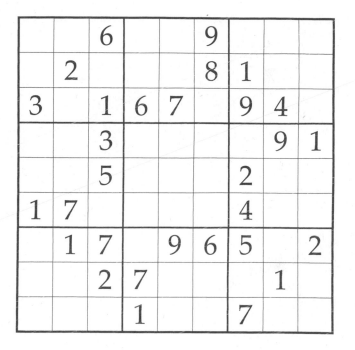

6					9			8
	1			3			5	
		4	8			3		
1				4		8		
	7		5		2		3	
		3		1				7
		1			4	7		
	2			9			1	
5			1					3

	9		7					
		2	1	8	9			3
				5			6	
	8						5	4
	1	5				3	7	
6	4						9	
	2			3				
9			8	4	2	5		
					1		2	

		4						8
3			9		6			7
6				3		2		
		8		4		9		
			1	6	7			
		3		9		5		
		5		7				9
1			5		9			4
2						8		

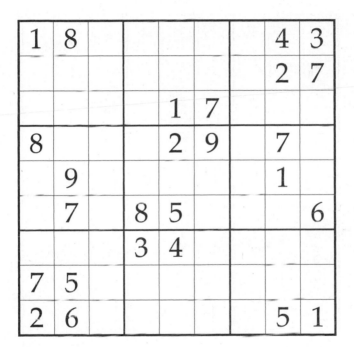

7					4		5	3
3	2						4	
		1		5		8		
5				8				
		9	1		6	5		
				7				2
		2		9		4		
	9						1	8
4	5		3					7

Su Doku

		2	4		7	3		
4			2	6	3			8
	6						1	
	5	9		3		6	8	
	3						5	
3			5	1	8			2
		5	3		4	8		

Bloom

		5			4	2		
					9			
	4					8	1	3
4			2				3	5
	7		3		6		8	
8	3				1			7
6	1	8					5	
			6					
		3	9			7		

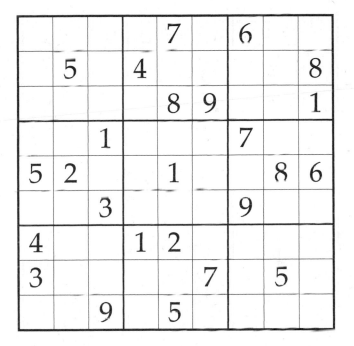

				7		6		
	5		4					8
				8	9			1
		1				7		
5	2			1			8	6
		3				9		
4			1	2				
3					7		5	
		9		5				

					5	6	8	3
		5	1					7
2			7					
		7	9			4		
	2						3	
		8			1	7		
					2			9
5					3	8		
3	1	6	4					

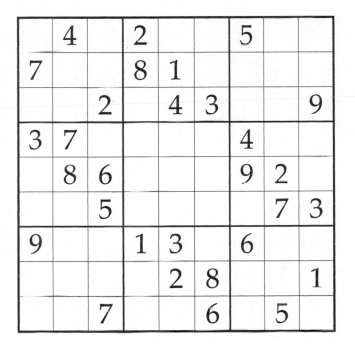

		4	2		6	5		
		7	8		1	2		
				4				
1		2		6		7		5
4								9
9		8		5		4		3
				1				
		9	6		7	1		
		1	9		4	3		

Su Doku

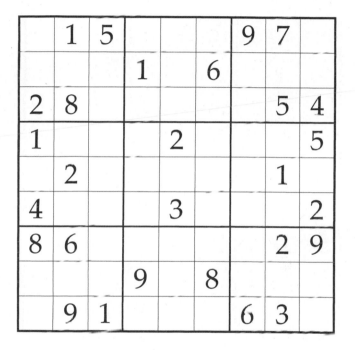

Bloom

		1	7	3				
					6	3		
	4				2			1
	8	2	5		3			9
9								3
3			9		1	8	7	
5			2				8	
		4	3					
				6	5	4		

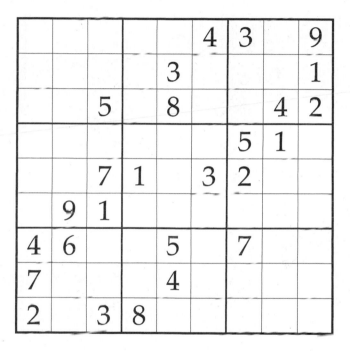

7	9	2		4				
1			9		2		7	
5			7					
	2	7					1	
9				1				7
	3					8	4	
					3			8
	7		5		4			3
				8		7	2	4

Su Doku

6			7	1				4
	7		8			6	3	
	5			6				
							4	3
8		9				1		2
7	3							
				7			8	
	6	4			9		1	
1				3	2			5

Bloom

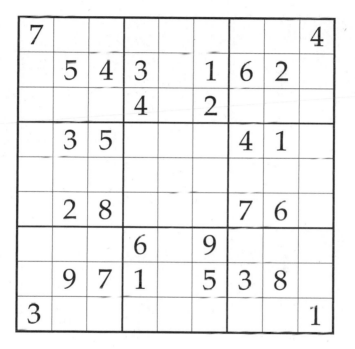

	4		6		5		1	2
				3	2	6		8
	3							
6						8	7	4
1	7	4						3
							3	
8		2	1	5				
3	1		4		9		8	

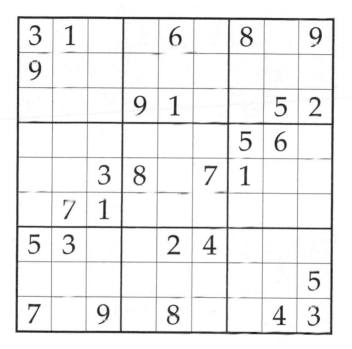

			5		8			
	5						6	
4		6	2		9	8		5
1			7		3			2
9			6		2			7
3		2	8		6	5		9
	6						4	
			9		7			

4	1						9	6
			6	4	1			
1	6		5		7		4	9
5								7
3	4		9		6		5	1
			7	6	3			
7	5						1	2

		7			4			3
		5		6				
6	8	2						
				8	6			7
	2		7		9		6	
7			2	5				
						4	1	9
				3		8		
5			6			7		

			9					1
	9			1			4	
		1		2	3	6		
4			5			2		
	7	2				9	8	
		9			6			7
		7	3	5		8		
	8			4			5	
3					9			

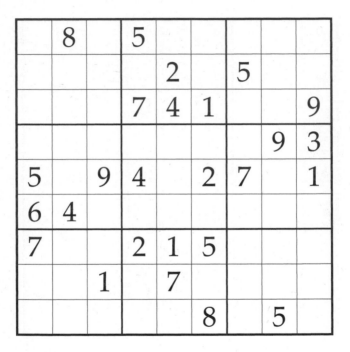

			5				2	4
					7	5		
	7				4	3	1	
6					3		7	
9								3
	4		2					8
	2	1	8				3	
		8	7					
7	6				9			

		5			2	8		
		8			3			
3			1	4			6	5
4	8					6		
		7				1		
		1					9	8
5	9			8	6			2
			7			5		
		4	2			3		

			8	9				
	5				1		3	
		3		6		8		
4					8		9	
6		7				3		4
	9		4					2
		1		8		7		
	3		7				2	
				3	5			

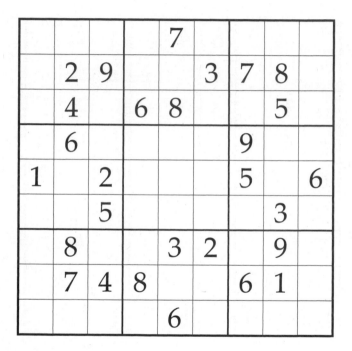

			4	1			7	
		9					4	3
	4			3		6		
1			5					
6		4		8		5		2
					4			7
		3		6			9	
7	2					4		
	9			4	8			

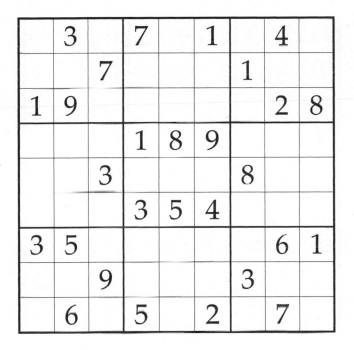

Bloom

	2	9			1		6	
1				6				9
			5					8
4			3		2	6		
	3						9	
		7	6		4			1
2					5			
3				8				2
	8		2			1	5	

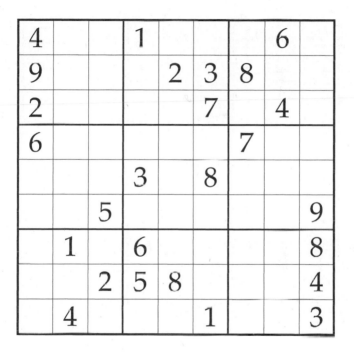

2		9		4		6		7
				3	2			
3			6					1
	4					8		
5	7			8			6	2
		2					1	
4					6			5
			9	1				
1		6		5		7		4

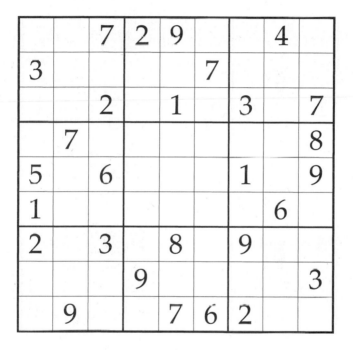

	1		2		6			
								2
7		6	4	5				1
	5						4	3
2		4				8		6
9	6						1	
1				7	4	5		9
5								
			9		5		8	

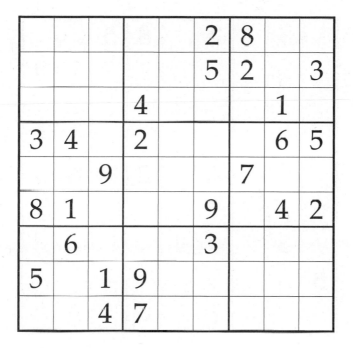

116

	3		2		8	5		
					4		7	9
			5			1	2	
	2							5
	9		4		2		6	
6							3	
	5	7		4				
3	6		5					
		4	1		6		5	

Su Doku

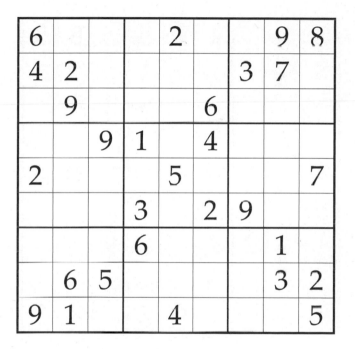

2			4	7			8	5
8					1			
		6			8	2		
	7	3						2
4								6
5						8	4	
		2	7			9		
			9					1
1	9			6	2			7

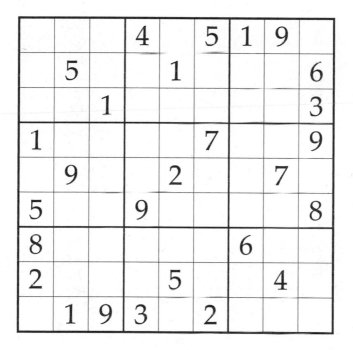

								9
	6	8	1			5	2	
	2	7			5		6	
	5			4		7		
			6	8	7			
		2		1			4	
	4		7			2	1	
	7	1			4	6	9	
8								

7		5	8	3				2
	9					3	8	
	4							9
				2				1
5			1	9	4			6
2				6				
4							9	
	7	6					5	
9				7	1	6		4

Bloom

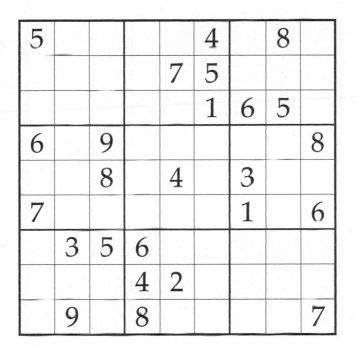

5		1	4	8				
		7				8		
		4	9		7			1
2				9	3			
	7						8	
			6	4				9
7			1		4	9		
		2				6		
				7	9	5		8

	5	1				4	9	
			9	1	7			
		6				3		
6			7		3			4
			1	2	4			
4			6		8			5
		3				2		
			8	6	2			
	2	9				6	5	

3	5		9					
	1	6		8			5	
		4		6				
7				2	4		8	
1								5
	2		8	1				4
				5		1		
	9			7		5	6	
					6		7	2

7	8							
9					8	7		
			2	7			1	
		4	9		1		2	
		6		5		9		
	9		3		4	6		
	3			4	6			
		9	8					3
							6	2

Bloom

2				5			8	
		8	9			1	7	
					2	6	4	
			4				1	
			5		8			
	1				9			
	8	7	1					
	9	5			4	3		
	6			7			9	

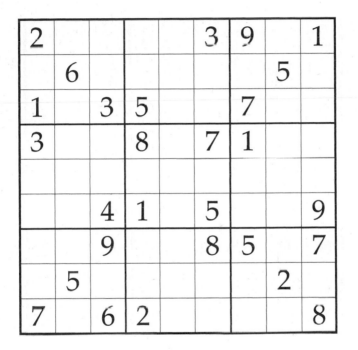

2					8			
				2		4		3
8		4					1	2
		6	3					
4	1			9			3	7
					1	5		
6	4					7		1
5		9		4				
			5					4

Bloom

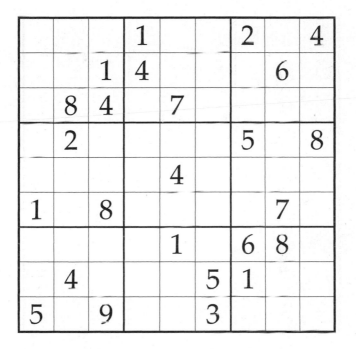

			1			2		4
		1	4				6	
	8	4		7				
	2					5		8
				4				
1		8					7	
				1		6	8	
	4				5	1		
5		9			3			

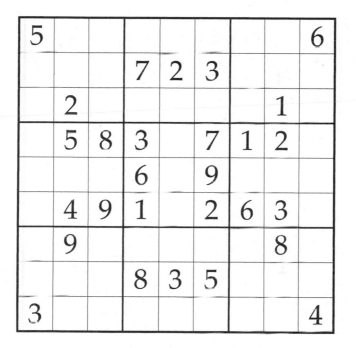

1		8	4				2	
			5		8	1		
				1			4	
			6			3	9	
		4				2		
	7	3			5			
	3			4				
		5	7		2			
	6				3	9		7

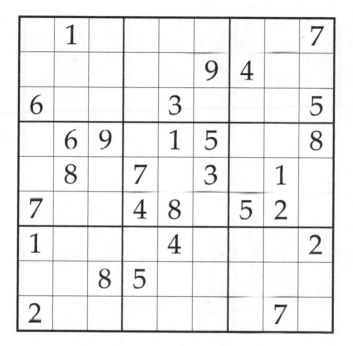

Bloom

3							6	8
			3	8		7	2	
		9			1			
7			5		6	3		
		8	7		3			4
			4			5		
	5	4		1	7			
1	6							2

Su Doku

Solutions

1

4	8	3	1	6	9	5	2	**7**
6	5	9	3	7	**2**	**1**	8	4
1	2	7	**8**	**5**	4	**3**	9	**6**
5	**7**	8	9	**3**	6	**2**	4	**1**
9	**1**	2	**5**	4	**7**	8	**6**	3
3	4	**6**	2	**8**	1	9	**7**	5
8	6	**1**	4	**9**	**3**	7	5	**2**
7	3	**5**	**6**	2	8	4	1	9
2	9	4	7	1	5	6	3	8

2

6	1	**5**	**4**	9	3	**8**	**7**	2
8	2	**3**	6	5	**7**	4	1	9
9	4	7	2	**8**	1	3	**5**	**6**
4	**7**	9	3	2	8	1	6	**5**
1	8	**6**	5	7	4	**2**	9	3
3	5	2	9	1	6	7	**8**	4
7	**9**	4	1	**3**	5	6	2	**8**
2	3	8	**7**	6	9	**5**	4	**1**
5	**6**	**1**	8	4	**2**	**9**	3	7

3

5	7	4	8	1	9	3	2	6
2	9	6	3	7	5	8	4	1
8	1	3	2	6	4	9	7	5
9	6	8	5	3	7	2	1	4
3	4	1	9	2	6	7	5	8
7	5	2	4	8	1	6	3	9
6	2	9	1	4	3	5	8	7
4	8	7	6	5	2	1	9	3
1	3	5	7	9	8	4	6	2

4

3	1	5	4	6	7	9	8	2
7	6	8	1	2	9	3	4	5
9	2	4	3	8	5	6	7	1
1	4	6	8	7	3	2	5	9
8	5	9	2	4	1	7	3	6
2	3	7	5	9	6	4	1	8
5	9	2	7	3	8	1	6	4
4	8	3	6	1	2	5	9	7
6	7	1	9	5	4	8	2	3

Su Doku

5

6	5	3	4	7	2	9	8	1
4	1	2	9	5	8	7	3	6
9	7	8	1	3	6	5	4	2
5	2	6	8	1	4	3	7	9
8	3	9	2	6	7	1	5	4
1	4	7	3	9	5	2	6	8
7	6	1	5	8	9	4	2	3
3	8	4	7	2	1	6	9	5
2	9	5	6	4	3	8	1	7

6

2	5	7	8	6	4	3	1	9
4	6	1	5	3	9	8	7	2
9	3	8	1	7	2	6	4	5
7	1	2	4	8	6	5	9	3
6	9	3	7	2	5	4	8	1
5	8	4	9	1	3	2	6	7
1	4	6	3	5	7	9	2	8
3	7	9	2	4	8	1	5	6
8	2	5	6	9	1	7	3	4

Solutions

7

6	4	8	9	3	1	2	5	7
5	3	9	4	2	7	6	8	1
1	2	7	6	5	8	9	3	4
4	9	1	3	6	5	8	7	2
2	8	5	1	7	4	3	6	9
3	7	6	8	9	2	1	4	5
8	6	2	7	4	9	5	1	3
9	1	4	5	8	3	7	2	6
7	5	3	2	1	6	4	9	8

8

5	3	1	9	6	4	2	7	8
7	9	4	8	3	2	1	5	6
6	2	8	1	7	5	3	4	9
1	4	6	5	8	3	7	9	2
9	8	2	7	4	1	6	3	5
3	7	5	6	2	9	4	8	1
2	5	7	4	9	6	8	1	3
4	6	9	3	1	8	5	2	7
8	1	3	2	5	7	9	6	4

9

9	8	5	6	2	3	4	1	7
3	6	7	1	4	8	9	2	5
2	4	1	5	7	9	3	8	6
6	7	2	9	1	5	8	4	3
5	3	8	2	6	4	1	7	9
4	1	9	3	8	7	5	6	2
7	5	6	8	9	1	2	3	4
1	2	3	4	5	6	7	9	8
8	9	4	7	3	2	6	5	1

10

9	5	6	3	7	1	4	8	2
3	2	8	4	9	6	7	1	5
1	7	4	5	8	2	6	3	9
4	3	7	9	1	5	2	6	8
8	9	5	6	2	3	1	7	4
2	6	1	7	4	8	9	5	3
5	4	9	8	6	7	3	2	1
7	1	3	2	5	9	8	4	6
6	8	2	1	3	4	5	9	7

11

8	3	2	5	9	6	1	7	4
6	4	7	1	2	3	5	8	9
1	9	5	8	7	4	6	2	3
4	1	6	9	8	7	2	3	5
9	2	3	4	1	5	7	6	8
5	7	8	6	3	2	4	9	1
3	6	9	2	4	1	8	5	7
2	8	1	7	5	9	3	4	6
7	5	4	3	6	8	9	1	2

12

7	5	6	1	9	3	8	4	2
3	1	8	2	5	4	9	7	6
4	9	2	7	6	8	1	3	5
1	3	7	9	8	6	2	5	4
8	4	5	3	7	2	6	9	1
6	2	9	5	4	1	3	8	7
5	6	3	8	1	7	4	2	9
2	7	4	6	3	9	5	1	8
9	8	1	4	2	5	7	6	3

13

8	2	1	6	9	7	5	4	3
5	6	7	3	1	4	2	9	8
4	9	3	5	8	2	1	7	6
2	1	4	9	7	6	8	3	5
9	8	6	2	3	5	7	1	4
3	7	5	1	4	8	9	6	2
1	4	9	8	5	3	6	2	7
6	3	8	7	2	9	4	5	1
7	5	2	4	6	1	3	8	9

14

5	7	2	9	8	6	1	4	3
9	8	4	2	1	3	6	5	7
3	1	6	5	4	7	9	8	2
2	6	1	4	5	9	3	7	8
4	5	7	1	3	8	2	6	9
8	9	3	7	6	2	5	1	4
7	4	5	3	9	1	8	2	6
1	3	8	6	2	4	7	9	5
6	2	9	8	7	5	4	3	1

15

1	5	2	6	3	8	4	7	9
4	9	3	7	1	2	5	6	8
8	6	7	9	4	5	2	1	3
7	3	6	2	8	1	9	4	5
9	8	4	3	5	6	1	2	7
2	1	5	4	9	7	8	3	6
6	2	9	8	7	4	3	5	1
3	7	1	5	2	9	6	8	4
5	4	8	1	6	3	7	9	2

16

9	7	1	6	2	8	5	4	3
4	5	2	3	1	7	9	8	6
3	8	6	9	5	4	1	2	7
8	3	4	2	7	9	6	5	1
2	1	7	8	6	5	4	3	9
6	9	5	1	4	3	8	7	2
1	6	8	4	3	2	7	9	5
5	2	9	7	8	6	3	1	4
7	4	3	5	9	1	2	6	8

8	6	4	2	3	7	9	1	5
9	1	2	6	5	8	4	3	7
7	5	3	1	4	9	2	6	8
6	3	7	4	8	2	5	9	1
4	2	1	5	9	3	7	8	6
5	8	9	7	1	6	3	4	2
2	9	6	8	7	4	1	5	3
1	4	8	3	2	5	6	7	9
3	7	5	9	6	1	8	2	4

5	7	3	2	6	4	9	8	1
4	2	6	9	1	8	7	5	3
8	9	1	7	3	5	4	6	2
1	3	8	6	9	2	5	7	4
9	4	5	8	7	1	3	2	6
2	6	7	5	4	3	1	9	8
7	1	9	3	2	6	8	4	5
6	5	4	1	8	7	2	3	9
3	8	2	4	5	9	6	1	7

19

7	5	1	3	9	8	4	2	6
9	3	6	2	1	4	5	8	7
8	4	2	7	6	5	1	9	3
1	7	4	8	5	2	6	3	9
6	9	8	1	3	7	2	4	5
5	2	3	9	4	6	7	1	8
3	6	7	4	8	1	9	5	2
4	8	5	6	2	9	3	7	1
2	1	9	5	7	3	8	6	4

20

2	3	4	7	9	1	8	5	6
9	7	1	8	6	5	4	2	3
8	5	6	2	3	4	7	9	1
6	2	7	4	1	8	5	3	9
4	1	8	3	5	9	2	6	7
5	9	3	6	7	2	1	4	8
7	6	5	1	2	3	9	8	4
3	4	2	9	8	7	6	1	5
1	8	9	5	4	6	3	7	2

Su Doku

21

2	9	7	6	4	1	5	3	8
8	1	6	5	3	2	4	9	7
5	3	4	9	7	8	6	2	1
1	5	8	7	9	6	2	4	3
7	4	9	8	2	3	1	6	5
6	2	3	1	5	4	7	8	9
3	8	5	2	6	7	9	1	4
4	7	2	3	1	9	8	5	6
9	6	1	4	8	5	3	7	2

22

9	6	7	5	3	1	2	8	4
8	2	4	6	7	9	5	1	3
5	1	3	8	4	2	6	9	7
2	3	1	4	9	7	8	6	5
6	4	8	2	1	5	3	7	9
7	5	9	3	8	6	1	4	2
4	8	2	9	6	3	7	5	1
1	9	5	7	2	8	4	3	6
3	7	6	1	5	4	9	2	8

23

6	3	4	9	2	7	1	5	8
7	8	5	6	4	1	9	3	2
2	9	1	8	3	5	6	4	7
3	5	9	4	1	8	2	7	6
8	6	7	5	9	2	4	1	3
1	4	2	7	6	3	5	8	9
9	7	8	1	5	6	3	2	4
4	1	3	2	8	9	7	6	5
5	2	6	3	7	4	8	9	1

24

1	7	3	5	9	4	6	8	2
9	2	6	8	7	3	1	5	4
5	4	8	2	1	6	9	3	7
2	8	7	4	5	9	3	1	6
6	9	5	1	3	7	2	4	8
3	1	4	6	2	8	7	9	5
4	5	2	3	6	1	8	7	9
7	6	1	9	8	5	4	2	3
8	3	9	7	4	2	5	6	1

25

6	7	2	3	1	8	4	5	9
3	5	9	2	7	4	1	8	6
8	1	4	5	6	9	7	2	3
2	9	5	8	3	7	6	4	1
1	4	8	6	9	2	3	7	5
7	3	6	4	5	1	2	9	8
4	6	7	9	8	3	5	1	2
5	8	1	7	2	6	9	3	4
9	2	3	1	4	5	8	6	7

26

2	4	9	8	1	7	3	6	5
8	3	7	2	6	5	4	9	1
1	6	5	3	4	9	7	8	2
5	9	2	4	8	6	1	7	3
6	8	4	1	7	3	5	2	9
7	1	3	9	5	2	8	4	6
3	7	6	5	9	4	2	1	8
9	2	1	7	3	8	6	5	4
4	5	8	6	2	1	9	3	7

27

9	8	6	3	4	1	5	7	2
5	1	2	6	9	7	3	4	8
7	3	4	2	5	8	6	1	9
3	7	9	8	6	4	2	5	1
1	6	5	9	2	3	4	8	7
4	2	8	1	7	5	9	3	6
2	5	7	4	1	6	8	9	3
6	4	3	7	8	9	1	2	5
8	9	1	5	3	2	7	6	4

28

4	1	6	7	8	3	2	9	5
2	5	3	6	1	9	8	4	7
8	9	7	2	4	5	1	3	6
7	3	8	1	9	4	5	6	2
1	6	9	3	5	2	4	7	8
5	4	2	8	7	6	3	1	9
6	7	1	5	3	8	9	2	4
3	8	4	9	2	7	6	5	1
9	2	5	4	6	1	7	8	3

Su Doku

29

6	5	1	8	4	3	2	9	7
3	9	8	6	7	2	4	5	1
4	7	2	9	5	1	3	6	8
8	4	5	2	1	6	9	7	3
2	1	3	7	9	8	6	4	5
7	6	9	5	3	4	8	1	2
9	3	7	4	8	5	1	2	6
5	8	6	1	2	9	7	3	4
1	2	4	3	6	7	5	8	9

30

2	9	7	4	8	5	1	6	3
3	5	1	9	2	6	8	7	4
6	4	8	1	7	3	9	5	2
1	3	2	8	5	9	7	4	6
7	8	4	3	6	2	5	9	1
5	6	9	7	1	4	2	3	8
4	1	3	5	9	8	6	2	7
8	2	5	6	4	7	3	1	9
9	7	6	2	3	1	4	8	5

31

5	7	6	4	1	3	8	2	9
3	9	2	8	7	6	4	5	1
8	1	4	2	5	9	3	6	7
6	5	1	9	2	8	7	3	4
4	2	3	7	6	1	9	8	5
9	8	7	5	3	4	2	1	6
7	6	8	1	9	2	5	4	3
1	4	5	3	8	7	6	9	2
2	3	9	6	4	5	1	7	8

32

1	6	3	7	8	4	2	5	9
7	4	9	3	5	2	1	8	6
2	5	8	6	1	9	7	4	3
4	2	7	8	9	3	6	1	5
5	8	6	2	7	1	9	3	4
3	9	1	4	6	5	8	7	2
9	1	4	5	2	8	3	6	7
6	3	2	1	4	7	5	9	8
8	7	5	9	3	6	4	2	1

Su Doku

33

6	5	8	3	**9**	1	**7**	2	**4**
4	3	2	7	**5**	**8**	6	**9**	**1**
7	9	1	**4**	6	**2**	3	5	8
9	**1**	5	**8**	7	4	2	3	**6**
2	**4**	3	9	1	6	8	**7**	**5**
8	6	7	2	3	**5**	4	**1**	9
5	7	4	**6**	2	**9**	1	8	3
3	**8**	9	**1**	**4**	7	5	6	2
1	2	**6**	5	**8**	3	9	4	7

34

3	5	7	6	**2**	**4**	1	**8**	9
1	8	**4**	5	9	3	2	7	6
2	9	6	8	7	1	4	**3**	5
7	2	1	**4**	5	9	8	**6**	3
4	6	8	3	**1**	7	9	5	**2**
5	**3**	9	**2**	8	**6**	7	1	**4**
8	**4**	2	7	3	5	6	9	1
6	1	5	9	4	**8**	**3**	2	**7**
9	**7**	3	**1**	**6**	2	5	4	**8**

35

5	9	6	1	8	2	7	3	4
3	4	1	9	7	6	2	5	8
2	8	7	4	5	3	9	1	6
8	6	2	7	3	5	4	9	1
7	3	9	2	1	4	8	6	5
4	1	5	6	9	8	3	7	2
6	7	3	8	2	1	5	4	9
1	5	8	3	4	9	6	2	7
9	2	4	5	6	7	1	8	3

36

2	7	3	6	1	8	5	9	4
5	4	8	9	7	3	2	6	1
6	1	9	2	5	4	7	8	3
8	9	4	7	2	6	1	3	5
3	6	5	4	8	1	9	2	7
1	2	7	5	3	9	8	4	6
4	5	1	3	9	2	6	7	8
9	8	6	1	4	7	3	5	2
7	3	2	8	6	5	4	1	9

37

2	6	3	5	1	4	8	9	7
5	4	8	9	6	7	1	2	3
1	9	7	2	8	3	5	4	6
9	7	6	3	4	8	2	1	5
3	2	1	6	9	5	7	8	4
8	5	4	7	2	1	3	6	9
6	1	5	4	7	2	9	3	8
7	8	9	1	3	6	4	5	2
4	3	2	8	5	9	6	7	1

38

4	1	8	9	6	5	2	3	7
2	9	3	8	4	7	1	5	6
6	7	5	1	2	3	8	4	9
1	3	4	6	7	8	5	9	2
5	8	9	4	1	2	6	7	3
7	6	2	3	5	9	4	8	1
8	4	7	2	3	6	9	1	5
3	2	1	5	9	4	7	6	8
9	5	6	7	8	1	3	2	4

39

2	1	4	9	8	5	3	7	6
8	6	7	3	1	4	9	2	5
9	3	5	2	6	7	4	1	8
5	7	1	4	3	8	6	9	2
6	9	2	7	5	1	8	4	3
4	8	3	6	9	2	1	5	7
3	2	6	1	7	9	5	8	4
7	5	9	8	4	6	2	3	1
1	4	8	5	2	3	7	6	9

40

9	5	4	3	6	1	8	7	2
1	6	2	8	5	7	3	4	9
8	3	7	4	2	9	6	5	1
2	1	8	5	3	4	9	6	7
6	7	9	1	8	2	4	3	5
5	4	3	7	9	6	1	2	8
7	9	1	2	4	3	5	8	6
3	2	5	6	1	8	7	9	4
4	8	6	9	7	5	2	1	3

41

8	3	5	4	9	7	2	6	1
9	4	2	5	1	6	7	8	3
7	6	1	2	3	8	4	5	9
2	8	3	1	7	9	6	4	5
5	1	7	3	6	4	9	2	8
4	9	6	8	5	2	3	1	7
1	5	4	7	2	3	8	9	6
6	7	8	9	4	1	5	3	2
3	2	9	6	8	5	1	7	4

42

7	4	3	9	6	2	5	1	8
9	2	5	8	3	1	6	7	4
8	6	1	4	5	7	9	2	3
3	8	4	1	7	9	2	6	5
5	1	9	2	8	6	4	3	7
6	7	2	3	4	5	8	9	1
2	9	7	5	1	4	3	8	6
4	3	6	7	9	8	1	5	2
1	5	8	6	2	3	7	4	9

43

1	3	5	2	4	6	7	8	9
9	8	4	3	1	7	6	5	2
7	6	2	8	5	9	4	3	1
6	4	8	1	3	5	2	9	7
2	7	9	4	6	8	5	1	3
5	1	3	7	9	2	8	6	4
4	5	7	9	8	3	1	2	6
8	9	1	6	2	4	3	7	5
3	2	6	5	7	1	9	4	8

44

2	7	8	9	3	4	5	6	1
6	9	4	5	7	1	8	3	2
1	3	5	2	8	6	9	4	7
4	2	7	8	9	3	6	1	5
3	5	9	1	6	2	7	8	4
8	6	1	7	4	5	3	2	9
7	8	6	4	1	9	2	5	3
9	1	2	3	5	8	4	7	6
5	4	3	6	2	7	1	9	8

45

1	5	2	7	3	6	4	9	8
7	9	4	5	2	8	3	6	1
8	3	6	4	9	1	7	5	2
3	2	8	1	7	9	5	4	6
4	1	5	2	6	3	8	7	9
6	7	9	8	4	5	2	1	3
2	4	1	9	8	7	6	3	5
9	8	3	6	5	4	1	2	7
5	6	7	3	1	2	9	8	4

46

8	3	4	7	1	2	9	5	6
9	5	1	6	3	8	4	2	7
7	6	2	9	5	4	3	1	8
3	1	5	8	9	6	7	4	2
2	4	8	3	7	5	6	9	1
6	7	9	2	4	1	8	3	5
5	8	3	4	2	7	1	6	9
4	2	7	1	6	9	5	8	3
1	9	6	5	8	3	2	7	4

47

2	6	7	1	5	8	9	3	4
5	1	4	6	3	9	8	2	7
3	9	8	7	2	4	6	5	1
7	4	9	5	6	1	2	8	3
8	5	2	4	9	3	1	7	6
1	3	6	8	7	2	4	9	5
6	2	1	3	8	7	5	4	9
9	7	5	2	4	6	3	1	8
4	8	3	9	1	5	7	6	2

48

5	2	7	6	4	3	9	1	8
8	4	3	5	9	1	7	6	2
9	6	1	7	8	2	5	3	4
7	1	9	2	3	6	4	8	5
6	8	4	1	5	9	3	2	7
3	5	2	8	7	4	1	9	6
2	7	8	3	1	5	6	4	9
4	3	6	9	2	7	8	5	1
1	9	5	4	6	8	2	7	3

49

5	4	1	2	9	6	8	7	3
3	8	7	1	4	5	9	2	6
6	9	2	3	7	8	4	5	1
7	6	4	5	2	3	1	9	8
9	1	5	8	6	7	2	3	4
2	3	8	9	1	4	5	6	7
8	2	3	7	5	1	6	4	9
1	5	6	4	3	9	7	8	2
4	7	9	6	8	2	3	1	5

50

9	4	2	1	3	6	5	7	8
5	1	8	4	7	9	2	3	6
7	6	3	5	2	8	1	4	9
8	7	4	3	5	2	6	9	1
1	2	6	8	9	7	3	5	4
3	9	5	6	4	1	8	2	7
6	3	7	2	8	4	9	1	5
2	8	9	7	1	5	4	6	3
4	5	1	9	6	3	7	8	2

51

7	2	1	3	8	9	5	6	4
8	4	5	6	2	7	1	9	3
9	3	6	1	4	5	8	7	2
1	7	4	9	6	8	2	3	5
5	6	9	2	3	1	4	8	7
3	8	2	7	5	4	6	1	9
4	5	7	8	1	3	9	2	6
6	9	8	5	7	2	3	4	1
2	1	3	4	9	6	7	5	8

52

9	5	1	4	7	6	2	3	8
3	7	4	8	2	5	1	9	6
6	8	2	1	3	9	5	4	7
5	2	3	7	9	4	6	8	1
4	6	7	3	8	1	9	2	5
1	9	8	6	5	2	3	7	4
8	3	5	9	6	7	4	1	2
2	1	9	5	4	8	7	6	3
7	4	6	2	1	3	8	5	9

53

9	5	6	7	3	4	2	1	8
4	1	8	9	6	2	3	5	7
2	3	7	8	1	5	9	4	6
3	7	5	4	2	9	8	6	1
6	8	9	1	5	7	4	2	3
1	2	4	3	8	6	7	9	5
7	6	2	5	4	3	1	8	9
5	9	1	2	7	8	6	3	4
8	4	3	6	9	1	5	7	2

54

7	6	3	9	2	1	5	4	8
1	9	5	3	8	4	7	6	2
2	4	8	5	6	7	9	3	1
3	1	9	8	4	6	2	5	7
5	7	4	2	3	9	8	1	6
6	8	2	7	1	5	4	9	3
8	5	7	6	9	3	1	2	4
4	2	6	1	5	8	3	7	9
9	3	1	4	7	2	6	8	5

55

6	7	8	3	1	4	9	5	2
5	4	1	6	2	9	3	7	8
3	9	2	5	8	7	4	1	6
1	2	3	9	4	8	7	6	5
4	8	6	7	5	2	1	9	3
9	5	7	1	3	6	8	2	4
7	1	5	8	6	3	2	4	9
2	3	9	4	7	5	6	8	1
8	6	4	2	9	1	5	3	7

56

5	9	3	8	6	1	2	4	7
6	1	4	2	3	7	5	8	9
7	2	8	9	4	5	1	6	3
2	8	6	7	1	4	9	3	5
3	4	9	5	2	8	7	1	6
1	7	5	6	9	3	8	2	4
4	6	7	1	8	9	3	5	2
8	5	2	3	7	6	4	9	1
9	3	1	4	5	2	6	7	8

57

3	8	9	1	5	6	7	4	2
2	1	6	3	7	4	5	8	9
5	4	7	8	2	9	6	1	3
8	7	3	2	1	5	9	6	4
6	9	2	4	3	8	1	7	5
1	5	4	6	9	7	2	3	8
7	2	8	9	6	3	4	5	1
9	3	5	7	4	1	8	2	6
4	6	1	5	8	2	3	9	7

58

4	6	7	2	9	1	3	8	5
1	2	3	4	8	5	6	9	7
9	5	8	7	3	6	2	4	1
8	7	9	3	2	4	1	5	6
2	3	5	6	1	9	4	7	8
6	1	4	8	5	7	9	2	3
3	9	6	5	7	2	8	1	4
7	4	1	9	6	8	5	3	2
5	8	2	1	4	3	7	6	9

59

2	6	7	9	5	4	1	8	3
3	4	8	6	1	2	7	9	5
5	1	9	8	3	7	4	2	6
4	5	6	1	7	8	9	3	2
9	7	3	5	2	6	8	1	4
8	2	1	3	4	9	6	5	7
6	9	5	4	8	3	2	7	1
7	3	4	2	9	1	5	6	8
1	8	2	7	6	5	3	4	9

60

5	9	2	1	4	7	6	8	3
3	6	8	9	5	2	1	4	7
4	1	7	6	3	8	9	5	2
7	3	4	8	2	1	5	6	9
1	5	9	4	7	6	2	3	8
2	8	6	3	9	5	4	7	1
8	7	5	2	6	9	3	1	4
9	4	1	5	8	3	7	2	6
6	2	3	7	1	4	8	9	5

61

4	7	9	8	1	3	6	2	5
5	1	8	4	6	2	7	3	9
3	2	6	7	9	5	8	1	4
6	4	5	9	2	7	1	8	3
7	8	3	5	4	1	9	6	2
2	9	1	6	3	8	4	5	7
8	3	2	1	7	4	5	9	6
1	6	7	3	5	9	2	4	8
9	5	4	2	8	6	3	7	1

62

8	1	5	4	3	9	7	6	2
9	6	7	5	8	2	1	3	4
3	2	4	6	1	7	9	5	8
5	4	9	8	6	1	2	7	3
2	3	1	7	5	4	6	8	9
6	7	8	9	2	3	4	1	5
1	8	6	2	4	5	3	9	7
7	5	2	3	9	6	8	4	1
4	9	3	1	7	8	5	2	6

63

3	7	4	6	1	9	2	8	5
5	2	1	7	3	8	6	9	4
6	9	8	5	2	4	1	7	3
4	3	2	8	5	1	9	6	7
9	6	5	2	7	3	4	1	8
8	1	7	9	4	6	5	3	2
2	8	3	1	9	5	7	4	6
7	4	9	3	6	2	8	5	1
1	5	6	4	8	7	3	2	9

64

9	8	6	2	7	4	1	5	3
4	2	3	6	5	1	9	7	8
5	1	7	8	9	3	6	2	4
2	4	9	1	6	5	8	3	7
8	7	1	3	4	2	5	6	9
3	6	5	9	8	7	2	4	1
7	3	2	5	1	9	4	8	6
6	9	4	7	2	8	3	1	5
1	5	8	4	3	6	7	9	2

7	5	**6**	4	1	**9**	8	2	3
9	**2**	4	5	3	**8**	**1**	7	6
3	8	**1**	**6**	**7**	2	**9**	**4**	5
2	4	**3**	8	5	7	6	**9**	**1**
8	6	**5**	9	4	1	**2**	3	7
1	**7**	9	2	6	3	**4**	5	8
4	**1**	**7**	3	**9**	6	**5**	8	**2**
6	9	**2**	**7**	8	5	3	**1**	4
5	3	8	**1**	2	4	**7**	6	9

6	3	2	4	5	**9**	1	7	**8**
9	**1**	8	6	**3**	7	2	**5**	4
7	5	**4**	**8**	2	1	**3**	6	9
1	6	5	7	**4**	3	**8**	9	2
4	**7**	9	**5**	8	**2**	6	**3**	1
2	8	**3**	9	**1**	6	5	4	**7**
3	9	**1**	2	6	**4**	**7**	8	5
8	**2**	7	3	**9**	5	4	**1**	6
5	4	6	**1**	7	8	9	2	**3**

67

8	9	4	7	6	3	2	1	5
5	6	2	1	8	9	7	4	3
1	3	7	2	5	4	9	6	8
7	8	9	3	2	6	1	5	4
2	1	5	4	9	8	3	7	6
6	4	3	5	1	7	8	9	2
4	2	1	9	3	5	6	8	7
9	7	6	8	4	2	5	3	1
3	5	8	6	7	1	4	2	9

68

9	5	4	7	2	1	6	3	8
3	8	2	9	5	6	1	4	7
6	7	1	8	3	4	2	9	5
7	1	8	3	4	5	9	6	2
5	2	9	1	6	7	4	8	3
4	6	3	2	9	8	5	7	1
8	4	5	6	7	2	3	1	9
1	3	6	5	8	9	7	2	4
2	9	7	4	1	3	8	5	6

69

1	8	7	2	9	6	5	4	3
6	4	9	5	8	3	1	2	7
3	2	5	4	1	7	6	8	9
8	3	1	6	2	9	4	7	5
5	9	6	7	3	4	2	1	8
4	7	2	8	5	1	9	3	6
9	1	8	3	4	5	7	6	2
7	5	3	1	6	2	8	9	4
2	6	4	9	7	8	3	5	1

70

7	8	6	9	2	4	1	5	3
3	2	5	6	1	8	7	4	9
9	4	1	7	5	3	8	2	6
5	6	3	4	8	2	9	7	1
2	7	9	1	3	6	5	8	4
8	1	4	5	7	9	6	3	2
1	3	2	8	9	7	4	6	5
6	9	7	2	4	5	3	1	8
4	5	8	3	6	1	2	9	7

71

5	9	**2**	**4**	8	**7**	**3**	6	1
6	8	3	1	5	9	4	2	7
4	1	7	**2**	**6**	**3**	5	9	**8**
8	**6**	4	9	2	5	7	**1**	3
2	**5**	**9**	7	**3**	1	**6**	**8**	4
7	**3**	1	8	4	6	2	**5**	9
3	7	6	**5**	**1**	**8**	9	4	**2**
9	4	8	6	7	2	1	3	5
1	2	**5**	**3**	9	**4**	**8**	7	6

72

3	8	**5**	1	6	**4**	**2**	7	9
1	2	7	8	3	**9**	5	4	6
9	**4**	6	5	7	2	**8**	**1**	**3**
4	6	9	**2**	8	7	1	**3**	**5**
5	**7**	1	**3**	9	**6**	4	**8**	2
8	**3**	2	4	5	**1**	6	9	**7**
6	**1**	8	7	2	3	9	**5**	4
7	9	4	**6**	1	5	3	2	8
2	5	**3**	**9**	4	8	**7**	6	1

73

1	3	8	2	7	5	6	4	9
9	5	6	4	3	1	2	7	8
2	7	4	6	8	9	5	3	1
6	9	1	5	4	8	7	2	3
5	2	7	9	1	3	4	8	6
8	4	3	7	6	2	9	1	5
4	8	5	1	2	6	3	9	7
3	6	2	8	9	7	1	5	4
7	1	9	3	5	4	8	6	2

74

7	4	1	2	9	5	6	8	3
9	6	5	1	3	8	2	4	7
2	8	3	7	6	4	9	5	1
1	3	7	9	5	6	4	2	8
6	2	9	8	4	7	1	3	5
4	5	8	3	2	1	7	9	6
8	7	4	5	1	2	3	6	9
5	9	2	6	7	3	8	1	4
3	1	6	4	8	9	5	7	2

75

8	4	3	2	6	9	5	1	7
7	6	9	8	1	5	2	3	4
5	1	2	7	4	3	8	6	9
3	7	1	9	5	2	4	8	6
4	8	6	3	7	1	9	2	5
2	9	5	6	8	4	1	7	3
9	5	8	1	3	7	6	4	2
6	3	4	5	2	8	7	9	1
1	2	7	4	9	6	3	5	8

76

8	9	4	2	7	6	5	3	1
3	5	7	8	9	1	2	6	4
2	1	6	3	4	5	8	9	7
1	3	2	4	6	9	7	8	5
4	7	5	1	8	3	6	2	9
9	6	8	7	5	2	4	1	3
6	4	3	5	1	8	9	7	2
5	2	9	6	3	7	1	4	8
7	8	1	9	2	4	3	5	6

77

2	7	6	9	4	8	3	5	1
5	9	4	2	3	1	7	8	6
1	8	3	7	5	6	2	4	9
3	6	8	1	7	9	5	2	4
4	1	2	8	6	5	9	3	7
9	5	7	4	2	3	1	6	8
6	4	5	3	9	7	8	1	2
7	2	1	5	8	4	6	9	3
8	3	9	6	1	2	4	7	5

78

1	9	2	8	4	6	7	3	5
3	5	7	2	1	9	8	4	6
4	6	8	7	3	5	9	2	1
2	1	5	6	7	4	3	9	8
8	4	6	3	9	1	5	7	2
9	7	3	5	2	8	1	6	4
5	3	1	9	6	2	4	8	7
7	2	4	1	8	3	6	5	9
6	8	9	4	5	7	2	1	3

79

3	1	5	4	8	2	9	7	6
9	4	7	1	5	6	2	8	3
2	8	6	3	7	9	1	5	4
1	7	8	6	2	4	3	9	5
6	2	3	8	9	5	4	1	7
4	5	9	7	3	1	8	6	2
8	6	4	5	1	3	7	2	9
7	3	2	9	6	8	5	4	1
5	9	1	2	4	7	6	3	8

80

8	5	1	7	3	9	2	4	6
2	7	9	4	1	6	3	5	8
6	4	3	8	5	2	7	9	1
4	8	2	5	7	3	6	1	9
9	1	7	6	4	8	5	2	3
3	6	5	9	2	1	8	7	4
5	3	6	2	9	4	1	8	7
1	2	4	3	8	7	9	6	5
7	9	8	1	6	5	4	3	2

81

6	8	2	5	1	**4**	**3**	7	**9**
9	7	4	6	**3**	2	8	5	**1**
1	3	**5**	9	**8**	7	6	**4**	2
3	2	6	4	9	8	**5**	**1**	7
5	4	**7**	**1**	6	**3**	**2**	9	8
8	**9**	**1**	7	2	5	4	3	6
4	**6**	9	2	**5**	1	**7**	8	3
7	1	8	3	**4**	6	9	2	5
2	5	**3**	**8**	7	9	1	6	4

82

7	**9**	**2**	8	**4**	5	3	6	1
1	8	3	**9**	6	**2**	4	**7**	5
5	6	4	**7**	3	1	9	8	2
4	**2**	**7**	3	9	8	5	**1**	6
9	5	8	4	**1**	6	2	3	**7**
6	**3**	1	2	5	7	**8**	**4**	9
2	4	9	1	7	**3**	6	5	**8**
8	**7**	6	**5**	2	**4**	1	9	**3**
3	1	5	6	**8**	9	**7**	**2**	**4**

83

6	9	8	7	1	3	5	2	4
4	7	1	8	2	5	6	3	9
2	5	3	9	6	4	8	7	1
5	1	6	2	9	8	7	4	3
8	4	9	3	5	7	1	6	2
7	3	2	1	4	6	9	5	8
9	2	5	4	7	1	3	8	6
3	6	4	5	8	9	2	1	7
1	8	7	6	3	2	4	9	5

84

5	7	3	4	2	9	1	6	8
2	4	1	8	7	6	9	5	3
8	9	6	5	1	3	2	7	4
7	5	2	6	8	1	4	3	9
6	3	9	7	4	2	8	1	5
1	8	4	3	9	5	7	2	6
9	6	7	2	3	8	5	4	1
4	1	5	9	6	7	3	8	2
3	2	8	1	5	4	6	9	7

85

3	8	5	7	9	6	1	4	2
2	1	9	8	3	4	6	7	5
7	6	4	2	5	1	8	9	3
5	2	8	6	7	9	3	1	4
6	3	7	4	1	2	9	5	8
9	4	1	5	8	3	2	6	7
8	9	3	1	4	7	5	2	6
1	7	6	3	2	5	4	8	9
4	5	2	9	6	8	7	3	1

86

5	1	7	8	3	2	4	6	9
4	6	2	9	5	1	8	7	3
8	9	3	6	7	4	2	5	1
3	8	1	4	2	6	7	9	5
2	5	9	3	1	7	6	8	4
7	4	6	5	8	9	1	3	2
6	7	4	1	9	3	5	2	8
1	3	8	2	6	5	9	4	7
9	2	5	7	4	8	3	1	6

7	1	2	8	5	6	9	3	4
9	5	4	3	7	1	6	2	8
8	6	3	4	9	2	1	7	5
6	3	5	9	8	7	4	1	2
1	7	9	2	6	4	8	5	3
4	2	8	5	1	3	7	6	9
5	8	1	6	3	9	2	4	7
2	9	7	1	4	5	3	8	6
3	4	6	7	2	8	5	9	1

9	4	8	6	7	5	3	1	2
7	5	1	9	3	2	6	4	8
2	3	6	8	1	4	7	5	9
6	2	3	5	9	1	8	7	4
5	8	9	3	4	7	1	2	6
1	7	4	2	8	6	5	9	3
4	6	5	7	2	8	9	3	1
8	9	2	1	5	3	4	6	7
3	1	7	4	6	9	2	8	5

3	1	5	4	6	2	8	7	9
9	8	2	7	5	3	4	1	6
4	6	7	9	1	8	3	5	2
8	9	4	2	3	1	5	6	7
6	5	3	8	9	7	1	2	4
2	7	1	5	4	6	9	3	8
5	3	8	6	2	4	7	9	1
1	4	6	3	7	9	2	8	5
7	2	9	1	8	5	6	4	3

7	9	3	5	6	8	1	2	4
2	5	8	1	7	4	9	6	3
4	1	6	2	3	9	8	7	5
1	8	4	7	9	3	6	5	2
6	2	7	4	8	5	3	9	1
9	3	5	6	1	2	4	8	7
3	7	2	8	4	6	5	1	9
5	6	9	3	2	1	7	4	8
8	4	1	9	5	7	2	3	6

Solutions

91

3	8	7	1	9	5	2	6	4
4	1	5	6	2	7	8	3	9
6	9	2	3	8	4	1	7	5
2	3	4	7	1	9	5	8	6
5	7	1	8	6	3	4	9	2
9	6	8	4	5	2	3	1	7
7	2	3	9	4	1	6	5	8
1	4	6	5	7	8	9	2	3
8	5	9	2	3	6	7	4	1

92

5	9	3	7	6	1	8	2	4
6	7	2	9	4	8	1	5	3
8	1	4	5	2	3	9	6	7
7	6	9	3	8	5	4	1	2
2	5	8	6	1	4	3	7	9
4	3	1	2	9	7	6	8	5
3	8	7	1	5	9	2	4	6
9	4	6	8	7	2	5	3	1
1	2	5	4	3	6	7	9	8

93

4	1	7	9	3	2	8	6	5
9	5	6	7	8	1	3	2	4
2	8	3	5	6	4	7	1	9
5	3	2	6	1	9	4	7	8
7	9	1	8	4	3	6	5	2
6	4	8	2	7	5	9	3	1
3	7	9	1	2	8	5	4	6
1	6	5	4	9	7	2	8	3
8	2	4	3	5	6	1	9	7

94

4	1	2	3	7	8	5	9	6
9	3	5	6	4	1	7	2	8
8	7	6	2	9	5	1	3	4
1	6	8	5	3	7	2	4	9
5	2	9	8	1	4	3	6	7
3	4	7	9	2	6	8	5	1
6	8	4	1	5	2	9	7	3
2	9	1	7	6	3	4	8	5
7	5	3	4	8	9	6	1	2

95

9	1	7	5	2	4	6	8	3
4	3	5	9	6	8	2	7	1
6	8	2	3	1	7	5	9	4
3	5	4	1	8	6	9	2	7
8	2	1	7	4	9	3	6	5
7	9	6	2	5	3	1	4	8
2	6	3	8	7	5	4	1	9
1	7	9	4	3	2	8	5	6
5	4	8	6	9	1	7	3	2

96

2	6	4	9	7	8	5	3	1
8	9	3	6	1	5	7	4	2
7	5	1	4	2	3	6	9	8
4	1	8	5	9	7	2	6	3
6	7	2	1	3	4	9	8	5
5	3	9	2	8	6	4	1	7
9	4	7	3	5	1	8	2	6
1	8	6	7	4	2	3	5	9
3	2	5	8	6	9	1	7	4

97

6	5	7	1	2	8	3	4	9
9	8	4	7	3	5	2	1	6
1	3	2	6	4	9	7	5	8
2	4	3	9	7	6	5	8	1
7	1	8	3	5	4	9	6	2
5	6	9	8	1	2	4	7	3
4	7	6	2	9	1	8	3	5
3	2	1	5	8	7	6	9	4
8	9	5	4	6	3	1	2	7

98

1	8	4	5	9	6	3	7	2
9	7	6	8	2	3	5	1	4
3	2	5	7	4	1	6	8	9
2	1	8	6	5	7	4	9	3
5	3	9	4	8	2	7	6	1
6	4	7	1	3	9	8	2	5
7	6	3	2	1	5	9	4	8
8	5	1	9	7	4	2	3	6
4	9	2	3	6	8	1	5	7

99

8	3	9	5	6	1	7	2	4
4	1	6	3	2	7	5	8	9
2	7	5	9	8	4	3	1	6
6	8	2	4	9	3	1	7	5
9	5	7	6	1	8	2	4	3
1	4	3	2	7	5	6	9	8
5	2	1	8	4	6	9	3	7
3	9	8	7	5	2	4	6	1
7	6	4	1	3	9	8	5	2

100

3	7	8	5	2	6	4	1	9
4	5	2	1	8	9	6	7	3
9	6	1	3	4	7	8	5	2
7	8	5	6	3	1	2	9	4
1	9	4	8	5	2	3	6	7
6	2	3	9	7	4	1	8	5
5	1	6	2	9	3	7	4	8
2	4	9	7	1	8	5	3	6
8	3	7	4	6	5	9	2	1

101

4	3	6	9	2	1	5	8	7
5	2	9	4	8	7	1	3	6
8	7	1	5	3	6	9	4	2
7	9	5	3	6	8	4	2	1
6	1	2	7	5	4	8	9	3
3	8	4	1	9	2	7	6	5
9	4	3	6	7	5	2	1	8
1	5	8	2	4	3	6	7	9
2	6	7	8	1	9	3	5	4

102

8	4	5	2	9	1	3	6	7
6	9	7	4	3	5	8	2	1
3	2	1	6	8	7	9	4	5
7	8	2	9	5	6	4	1	3
5	6	9	3	1	4	2	7	8
4	1	3	7	2	8	6	5	9
2	5	8	1	6	9	7	3	4
1	3	4	8	7	2	5	9	6
9	7	6	5	4	3	1	8	2

103

1	6	**5**	9	7	**2**	**8**	3	4
2	4	**8**	6	5	**3**	9	7	1
3	7	9	**1**	**4**	8	2	**6**	**5**
4	**8**	2	3	1	9	**6**	5	7
9	5	**7**	8	6	4	**1**	2	3
6	3	**1**	5	2	7	4	**9**	8
5	**9**	3	4	**8**	**6**	7	1	**2**
8	2	6	**7**	3	1	**5**	4	9
7	1	**4**	**2**	9	5	**3**	8	6

104

1	6	4	**8**	**9**	3	2	7	5
7	**5**	8	2	4	**1**	9	**3**	6
9	2	**3**	5	**6**	7	**8**	4	1
4	1	2	3	5	**8**	6	**9**	7
6	8	**7**	1	2	9	**3**	5	**4**
3	**9**	5	**4**	7	6	1	8	**2**
5	4	**1**	9	**8**	2	**7**	6	3
8	**3**	6	**7**	1	4	5	**2**	9
2	7	9	6	**3**	**5**	4	1	8

Su Doku

105

6	7	2	8	4	5	1	3	9
3	9	8	7	6	1	2	5	4
5	1	4	3	9	2	8	6	7
2	4	7	6	3	9	5	1	8
8	6	5	4	1	7	9	2	3
9	3	1	2	5	8	7	4	6
7	8	6	1	2	4	3	9	5
1	5	3	9	7	6	4	8	2
4	2	9	5	8	3	6	7	1

106

8	5	1	2	7	4	3	6	9
6	2	9	5	1	3	7	8	4
3	4	7	6	8	9	2	5	1
7	6	8	3	5	1	9	4	2
1	3	2	9	4	8	5	7	6
4	9	5	7	2	6	1	3	8
5	8	6	1	3	2	4	9	7
2	7	4	8	9	5	6	1	3
9	1	3	4	6	7	8	2	5

107

3	6	5	4	1	2	8	7	9
8	1	9	6	5	7	2	4	3
2	4	7	8	3	9	6	1	5
1	3	2	5	7	6	9	8	4
6	7	4	9	8	1	5	3	2
9	5	8	3	2	4	1	6	7
4	8	3	2	6	5	7	9	1
7	2	6	1	9	3	4	5	8
5	9	1	7	4	8	3	2	6

108

2	6	1	7	9	4	8	5	3
8	4	5	6	3	1	2	7	9
9	3	7	8	2	5	6	1	4
1	9	4	3	7	6	5	2	8
5	7	8	9	1	2	4	3	6
3	2	6	5	4	8	1	9	7
4	1	9	2	8	3	7	6	5
7	5	2	4	6	9	3	8	1
6	8	3	1	5	7	9	4	2

2	3	8	7	9	1	5	4	6
6	4	7	8	2	5	1	9	3
1	9	5	6	4	3	7	2	8
5	7	6	1	8	9	4	3	2
4	1	3	2	6	7	8	5	9
9	8	2	3	5	4	6	1	7
3	5	4	9	7	8	2	6	1
7	2	9	4	1	6	3	8	5
8	6	1	5	3	2	9	7	4

5	2	9	8	4	1	3	6	7
1	4	8	7	6	3	5	2	9
7	6	3	5	2	9	4	1	8
4	9	1	3	7	2	6	8	5
6	3	2	1	5	8	7	9	4
8	5	7	6	9	4	2	3	1
2	7	6	9	1	5	8	4	3
3	1	5	4	8	6	9	7	2
9	8	4	2	3	7	1	5	6

111

4	7	8	1	9	5	3	6	2
9	6	1	4	2	3	8	5	7
2	5	3	8	6	7	9	4	1
6	8	4	9	1	2	7	3	5
1	9	7	3	5	8	4	2	6
3	2	5	7	4	6	1	8	9
5	1	9	6	3	4	2	7	8
7	3	2	5	8	9	6	1	4
8	4	6	2	7	1	5	9	3

112

2	5	9	8	4	1	6	3	7
6	1	7	5	3	2	9	4	8
3	8	4	6	9	7	2	5	1
9	4	1	2	6	5	8	7	3
5	7	3	1	8	9	4	6	2
8	6	2	4	7	3	5	1	9
4	3	8	7	2	6	1	9	5
7	2	5	9	1	4	3	8	6
1	9	6	3	5	8	7	2	4

113

6	5	7	2	9	3	8	4	1
3	4	1	8	5	7	6	9	2
9	8	2	6	1	4	3	5	7
4	7	9	1	6	2	5	3	8
5	3	6	7	4	8	1	2	9
1	2	8	5	3	9	7	6	4
2	1	3	4	8	5	9	7	6
7	6	5	9	2	1	4	8	3
8	9	4	3	7	6	2	1	5

114

3	1	5	2	9	6	4	7	8
4	9	8	1	3	7	6	5	2
7	2	6	4	5	8	9	3	1
8	5	1	7	6	9	2	4	3
2	7	4	5	1	3	8	9	6
9	6	3	8	4	2	7	1	5
1	8	2	3	7	4	5	6	9
5	4	9	6	8	1	3	2	7
6	3	7	9	2	5	1	8	4

115

1	5	6	3	9	2	8	7	4
4	7	8	1	6	5	2	9	3
2	9	3	4	8	7	5	1	6
3	4	7	2	1	8	9	6	5
6	2	9	5	3	4	7	8	1
8	1	5	6	7	9	3	4	2
7	6	2	8	4	3	1	5	9
5	8	1	9	2	6	4	3	7
9	3	4	7	5	1	6	2	8

116

7	3	9	2	1	8	5	4	6
2	1	5	3	6	4	8	7	9
8	4	6	7	5	9	1	2	3
4	2	3	6	7	1	9	8	5
5	9	8	4	3	2	7	6	1
6	7	1	9	8	5	2	3	4
1	5	7	8	4	3	6	9	2
3	6	2	5	9	7	4	1	8
9	8	4	1	2	6	3	5	7

6	7	3	4	2	1	5	9	8
4	2	1	5	9	8	3	7	6
5	9	8	7	3	6	2	4	1
7	5	9	1	6	4	8	2	3
2	3	4	8	5	9	1	6	7
1	8	6	3	7	2	9	5	4
3	4	2	6	8	5	7	1	9
8	6	5	9	1	7	4	3	2
9	1	7	2	4	3	6	8	5

2	3	9	4	7	6	1	8	5
8	5	4	2	9	1	7	6	3
7	1	6	5	3	8	2	9	4
9	7	3	6	8	4	5	1	2
4	2	8	1	5	9	3	7	6
5	6	1	3	2	7	8	4	9
6	4	2	7	1	3	9	5	8
3	8	7	9	4	5	6	2	1
1	9	5	8	6	2	4	3	7

119

6	8	2	4	3	5	1	9	7
7	5	3	8	1	9	4	2	6
9	4	1	2	7	6	8	5	3
1	2	4	5	8	7	3	6	9
3	9	8	6	2	1	5	7	4
5	6	7	9	4	3	2	1	8
8	7	5	1	9	4	6	3	2
2	3	6	7	5	8	9	4	1
4	1	9	3	6	2	7	8	5

120

5	1	4	8	2	6	3	7	9
3	6	8	1	7	9	5	2	4
9	2	7	4	3	5	8	6	1
1	5	6	9	4	2	7	8	3
4	3	9	6	8	7	1	5	2
7	8	2	5	1	3	9	4	6
6	4	3	7	9	8	2	1	5
2	7	1	3	5	4	6	9	8
8	9	5	2	6	1	4	3	7

121

6	2	8	4	3	7	9	1	5
5	9	1	2	8	6	7	4	3
4	7	3	5	1	9	6	2	8
1	4	7	8	9	3	5	6	2
2	8	6	1	4	5	3	7	9
9	3	5	6	7	2	4	8	1
3	1	4	9	6	8	2	5	7
7	6	2	3	5	1	8	9	4
8	5	9	7	2	4	1	3	6

122

7	6	5	8	3	9	4	1	2
1	9	2	4	5	6	3	8	7
8	4	3	2	1	7	5	6	9
6	3	4	5	2	8	9	7	1
5	8	7	1	9	4	2	3	6
2	1	9	7	6	3	8	4	5
4	2	1	6	8	5	7	9	3
3	7	6	9	4	2	1	5	8
9	5	8	3	7	1	6	2	4

123

3	6	1	8	4	7	2	9	5
8	2	4	9	6	5	7	1	3
7	5	9	1	3	2	8	6	4
6	1	8	3	9	4	5	7	2
4	9	7	5	2	6	1	3	8
2	3	5	7	1	8	6	4	9
1	4	6	2	5	9	3	8	7
5	8	3	4	7	1	9	2	6
9	7	2	6	8	3	4	5	1

124

6	8	5	7	3	1	9	4	2
9	3	2	6	4	8	1	5	7
1	4	7	2	9	5	6	8	3
4	6	3	5	7	2	8	1	9
7	9	8	1	6	3	5	2	4
5	2	1	4	8	9	3	7	6
8	1	6	9	2	4	7	3	5
2	5	9	3	1	7	4	6	8
3	7	4	8	5	6	2	9	1

125

5	8	3	2	1	4	6	9	7
6	1	4	3	7	9	5	2	8
7	9	2	5	8	6	4	1	3
2	4	1	9	6	8	7	3	5
8	5	9	4	3	7	2	6	1
3	6	7	1	5	2	8	4	9
4	2	5	8	9	3	1	7	6
1	3	6	7	2	5	9	8	4
9	7	8	6	4	1	3	5	2

126

8	5	6	7	9	3	1	2	4
3	7	9	1	2	4	8	5	6
4	1	2	5	8	6	3	9	7
5	6	1	9	3	7	2	4	8
9	4	3	2	6	8	7	1	5
2	8	7	4	1	5	6	3	9
7	2	4	6	5	1	9	8	3
6	9	8	3	4	2	5	7	1
1	3	5	8	7	9	4	6	2

127

5	3	9	8	1	4	6	7	2
6	2	7	5	9	3	1	4	8
1	4	8	7	6	2	9	3	5
7	9	6	2	4	1	5	8	3
3	1	5	9	7	8	4	2	6
4	8	2	3	5	6	7	9	1
9	5	3	1	2	7	8	6	4
8	7	4	6	3	5	2	1	9
2	6	1	4	8	9	3	5	7

128

5	6	8	3	1	4	2	7	9
3	9	2	6	7	8	5	1	4
7	4	1	5	9	2	3	6	8
1	7	5	9	2	6	4	8	3
4	2	6	7	8	3	1	9	5
8	3	9	4	5	1	6	2	7
9	1	7	2	4	5	8	3	6
2	5	3	8	6	7	9	4	1
6	8	4	1	3	9	7	5	2

129

1	8	4	5	7	3	2	6	9
3	7	2	9	4	6	8	5	1
6	5	9	2	8	1	4	7	3
8	9	1	7	6	4	3	2	5
7	2	5	8	3	9	1	4	6
4	6	3	1	2	5	7	9	8
9	1	8	4	5	7	6	3	2
5	4	6	3	1	2	9	8	7
2	3	7	6	9	8	5	1	4

130

9	6	8	5	1	2	3	4	7
5	7	1	4	3	9	8	6	2
2	3	4	7	6	8	9	1	5
7	8	9	6	5	1	2	3	4
3	4	5	9	2	7	6	8	1
1	2	6	3	8	4	5	7	9
8	5	2	1	4	3	7	9	6
4	9	3	2	7	6	1	5	8
6	1	7	8	9	5	4	2	3

131

5	1	2	9	6	4	7	8	3
3	8	6	2	7	5	9	1	4
9	7	4	3	8	1	6	5	2
6	5	9	1	3	2	4	7	8
1	2	8	7	4	6	3	9	5
7	4	3	5	9	8	1	2	6
2	3	5	6	1	7	8	4	9
8	6	7	4	2	9	5	3	1
4	9	1	8	5	3	2	6	7

132

5	3	1	4	8	2	7	9	6
9	2	7	3	1	6	8	5	4
8	6	4	9	5	7	3	2	1
2	4	8	7	9	3	1	6	5
6	7	9	5	2	1	4	8	3
1	5	3	6	4	8	2	7	9
7	8	5	1	6	4	9	3	2
4	9	2	8	3	5	6	1	7
3	1	6	2	7	9	5	4	8

133

7	5	1	3	8	6	4	9	2
2	3	4	9	1	7	5	8	6
9	8	6	2	4	5	3	7	1
6	9	8	7	5	3	1	2	4
3	7	5	1	2	4	8	6	9
4	1	2	6	9	8	7	3	5
1	6	3	5	7	9	2	4	8
5	4	7	8	6	2	9	1	3
8	2	9	4	3	1	6	5	7

134

3	5	2	9	4	7	8	1	6
9	1	6	2	8	3	4	5	7
8	7	4	5	6	1	2	9	3
7	3	5	6	2	4	9	8	1
1	4	8	7	3	9	6	2	5
6	2	9	8	1	5	7	3	4
2	6	7	3	5	8	1	4	9
4	9	3	1	7	2	5	6	8
5	8	1	4	9	6	3	7	2

135

7	8	1	6	3	5	2	4	9
9	2	5	4	1	8	7	3	6
6	4	3	2	7	9	5	1	8
8	7	4	9	6	1	3	2	5
3	1	6	7	5	2	9	8	4
5	9	2	3	8	4	6	7	1
2	3	8	5	4	6	1	9	7
1	6	9	8	2	7	4	5	3
4	5	7	1	9	3	8	6	2

136

4	2	6	7	5	1	9	8	3
5	3	8	9	4	6	1	7	2
9	7	1	3	8	2	6	4	5
8	5	9	4	3	7	2	1	6
6	4	2	5	1	8	7	3	9
7	1	3	6	2	9	4	5	8
2	8	7	1	9	3	5	6	4
1	9	5	8	6	4	3	2	7
3	6	4	2	7	5	8	9	1

137

2	7	5	6	8	3	9	4	1
9	6	8	7	1	4	3	5	2
1	4	3	5	9	2	7	8	6
3	9	2	8	4	7	1	6	5
5	1	7	9	2	6	8	3	4
6	8	4	1	3	5	2	7	9
4	2	9	3	6	8	5	1	7
8	5	1	4	7	9	6	2	3
7	3	6	2	5	1	4	9	8

138

2	9	3	4	1	8	6	7	5
1	6	7	9	2	5	4	8	3
8	5	4	7	6	3	9	1	2
7	8	6	3	5	4	1	2	9
4	1	5	6	9	2	8	3	7
9	3	2	8	7	1	5	4	6
6	4	8	2	3	9	7	5	1
5	2	9	1	4	7	3	6	8
3	7	1	5	8	6	2	9	4

139

3	5	9	2	4	6	8	1	7
6	4	7	5	8	1	3	2	9
8	2	1	7	9	3	5	4	6
4	8	2	9	5	7	1	6	3
7	9	6	1	3	2	4	8	5
1	3	5	8	6	4	9	7	2
2	6	3	4	1	5	7	9	8
9	7	4	3	2	8	6	5	1
5	1	8	6	7	9	2	3	4

140

3	4	2	7	5	6	8	1	9
1	7	6	8	3	9	5	4	2
5	8	9	1	2	4	3	6	7
9	5	7	6	1	8	4	2	3
8	2	3	4	7	5	1	9	6
4	6	1	2	9	3	7	5	8
6	3	5	9	4	7	2	8	1
2	9	4	3	8	1	6	7	5
7	1	8	5	6	2	9	3	4

141

7	6	3	1	9	8	2	5	4
9	5	1	4	3	2	8	6	7
2	8	4	5	7	6	9	1	3
4	2	7	3	6	1	5	9	8
6	9	5	8	4	7	3	2	1
1	3	8	2	5	9	4	7	6
3	7	2	9	1	4	6	8	5
8	4	6	7	2	5	1	3	9
5	1	9	6	8	3	7	4	2

142

1	7	9	2	3	5	6	8	4
5	8	4	9	1	6	2	3	7
2	6	3	4	7	8	9	5	1
8	2	7	3	9	4	5	1	6
6	9	1	8	5	7	4	2	3
4	3	5	1	6	2	8	7	9
7	4	6	5	2	1	3	9	8
9	1	2	6	8	3	7	4	5
3	5	8	7	4	9	1	6	2

143

4	7	9	1	8	5	6	3	2
2	3	8	9	7	6	5	1	4
5	1	6	3	4	2	7	8	9
7	9	1	4	2	3	8	6	5
8	6	4	5	1	9	3	2	7
3	5	2	7	6	8	4	9	1
6	4	7	8	9	1	2	5	3
9	8	5	2	3	4	1	7	6
1	2	3	6	5	7	9	4	8

144

5	8	9	4	7	1	2	6	3
1	6	7	3	5	2	4	8	9
2	3	4	6	9	8	1	7	5
9	7	3	8	4	6	5	2	1
6	4	5	2	1	9	7	3	8
8	2	1	7	3	5	6	9	4
7	5	8	9	2	4	3	1	6
3	1	6	5	8	7	9	4	2
4	9	2	1	6	3	8	5	7

145

5	3	4	9	1	8	2	7	6
8	6	1	7	2	3	4	9	5
9	2	7	5	6	4	8	1	3
6	5	8	3	4	7	1	2	9
2	1	3	6	8	9	5	4	7
7	4	9	1	5	2	6	3	8
1	9	5	4	7	6	3	8	2
4	7	2	8	3	5	9	6	1
3	8	6	2	9	1	7	5	4

146

1	5	8	4	3	6	7	2	9
7	4	9	5	2	8	1	6	3
3	2	6	9	1	7	5	4	8
2	8	1	6	7	4	3	9	5
5	9	4	3	8	1	2	7	6
6	7	3	2	9	5	4	8	1
8	3	7	1	4	9	6	5	2
9	1	5	7	6	2	8	3	4
4	6	2	8	5	3	9	1	7

147

2	9	4	6	7	8	3	5	1
7	6	3	2	1	5	4	8	9
8	1	5	9	3	4	6	2	7
6	2	9	5	8	1	7	4	3
4	5	7	3	9	6	2	1	8
1	3	8	4	2	7	9	6	5
9	8	6	1	4	3	5	7	2
5	7	2	8	6	9	1	3	4
3	4	1	7	5	2	8	9	6

148

1	4	8	9	6	5	3	2	7
7	9	6	1	2	3	8	5	4
3	2	5	8	7	4	1	9	6
8	1	4	6	9	2	5	7	3
9	3	7	5	4	8	2	6	1
6	5	2	3	1	7	4	8	9
2	6	9	4	8	1	7	3	5
5	7	1	2	3	9	6	4	8
4	8	3	7	5	6	9	1	2

Su Doku

149

9	1	3	6	5	4	2	8	7
8	2	5	1	7	9	4	6	3
6	4	7	8	3	2	1	9	5
4	6	9	2	1	5	7	3	8
5	8	2	7	9	3	6	1	4
7	3	1	4	8	6	5	2	9
1	9	6	3	4	7	8	5	2
3	7	8	5	2	1	9	4	6
2	5	4	9	6	8	3	7	1

150

3	7	1	2	5	4	9	6	8
5	4	6	3	8	9	7	2	1
8	2	9	6	7	1	4	3	5
7	1	2	5	4	6	3	8	9
4	3	5	1	9	8	2	7	6
6	9	8	7	2	3	1	5	4
9	8	3	4	6	2	5	1	7
2	5	4	8	1	7	6	9	3
1	6	7	9	3	5	8	4	2

The Su Doku in this book are provided by:

SUDOKUSOLVER.COM

Generate and solve your Su Doku for free

SUDOKU GODOKU SAMURAI SUDOKU SUPER SUDOKU KILLER SUDOKU

Sign up for your own account with the following features:
- ► create your own exclusive Su Doku, Samurai Su Doku and Killer Su Doku puzzles
- ► solve and generate; then print or email any Su Doku puzzle
- ► solve popular puzzles instantly without entering any numbers
- ► view simple explanations of common and advanced Su Doku solving techniques
- ► free entry to win prizes with our Su Doku competitions

Enjoy playing Su Doku more at sudokusolver.com!